MINISTÈRE DU COMMERCE, DE L'INDUSTRIE

DES POSTES ET DES TÉLÉGRAPHES

DIRECTION GÉNÉRALE

DES POSTES ET DES TÉLÉGRAPHES

DIRECTION DE LA CAISSE NATIONALE D'ÉPARGNE

INSTRUCTION

SUR

LA CONSERVATION ET LA COMPTABILITÉ

DES TITRES DE RENTES

APPARTENANT AUX DÉPOSANTS

(21 janvier 1896.)

TABLE SOMMAIRE

DE L'INSTRUCTION ET DES ANNEXES.

INSTRUCTION.

INSTRUCTION

SUR

LA CONSERVATION ET LA COMPTABILITÉ

DES TITRES DE RENTES

APPARTENANT AUX DÉPOSANTS.

TITRE PREMIER.

DISPOSITIONS GÉNÉRALES.

1. L'article 2 de la loi du 20 juillet 1895 a créé pour la Caisse nationale d'épargne l'obligation de conserver les titres de rentes achetés pour le compte des déposants et non retirés par ceux-ci, et d'en encaisser les arrérages et primes de remboursement au crédit des titulaires.

En conséquence les titres qui, sous le régime du décret du 31 août 1881, étaient conservés par la Caisse des dépôts et consignations, resteront dorénavant en dépôt chez l'Agent comptable, qu'ils aient été achetés d'office ou sur la demande des déposants.

2. Tout déposant de Caisse d'épargne ordinaire peut tranférer à la Caisse nationale d'épargne, avec les espèces provenant de son compte, les titres de rentes qu'il possède en dépôt à ladite Caisse d'épargne ordinaire.

Ces titres seront centralisés par l'Agent comptable qui, dès leur réception, fera parvenir au titulaire un bordereau d'exécution (modèle n° 19) établi d'office dans la forme des bordereaux d'achat.

Au lieu des cours et prix d'achat le bordereau énoncera le cours moyen de la rente au jour du transfert et l'évaluation de la valeur du titre d'après ce cours moyen. Le titre sera pris en charge pour la valeur ainsi déterminée.

3. En cas de transfert d'inscriptions de rentes de la Caisse nationale d'épargne à une caisse d'épargne ordinaire, celle-ci devra produire, dûment acquitté par le titulaire, le bordereau d'exécution délivré par la Caisse nationale d'épargne lors de l'achat des titres et laissé antérieurement entre les mains du déposant.

4. L'Agent comptable de la Caisse nationale d'épargne est personnellement responsable des titres qui lui sont confiés.

Il prend pour leur conservation toutes les mesures nécessaires, sous le contrôle de la Direction de la Caisse nationale d'épargne.

5. L'Agent comptable effectuera, en qualité de dépositaire des inscriptions de rentes, toutes les opérations de gestion utiles aux déposants et notamment : l'encaissement des arrérages aux échéances ; l'encaissement du prix de remboursement par le Trésor des valeurs amorties ; le dépôt des titres au Trésor pour renouvellement ou réunion d'inscriptions.

Pour les formalités ou délais inhérents à ces opérations, l'Agent comptable se conformera aux instructions ou avis que l'Administration des finances adresse aux porteurs de rentes.

6. Aux échéances des arrérages l'Agent comptable de la Caisse nationale d'épargne dépose les titres et coupons aux guichets du Payeur central de la Dette publique dans la forme et dans les délais indiqués par le Trésor.

L'Agent comptable n'ayant point de maniements d'espèces, le payement des arrérages est constaté *chez le Caissier payeur central du Trésor public* au crédit du compte « *Agent comptable de la Caisse nationale d'épargne »*, par le débit du compte du *« Payeur central de la Dette »* sur la déclaration de ce dernier comptable.

7. Le Caissier payeur central du Trésor portera également au crédit de l'Agent comptable la valeur au taux du remboursement des inscriptions de rente 3 p. o/o amortissable appartenant à la série désignée par le tirage annuel.

8. Lorsqu'une même inscription de 3 p. o/o amortissable comportera à la fois des rentes dans la série remboursable et des rentes dans d'autres séries, l'Agent comptable la déposera préalablement au remboursement pour qu'elle soit échangée contre deux inscriptions distinctes, dont l'une sera intégralement soumise à l'amortissement.

9. Le montant des arrérages et des remboursements sera porté, par la Caisse nationale d'épargne, dans sa balance journalière des dépôts reçus et des dépôts remboursés, en augmentation des dépôts reçus. Il sera compris dès lors, en cas d'excédent de recette, dans le mandat sur la banque délivré par le Caissier central pour être versé à la Caisse des dépôts et consignations; au cas contraire il diminuera d'autant l'excédent de dépense à retirer de cette Caisse et à verser au Trésor.

10. La revente des titres de rentes, autorisée par la loi du 20 juillet 1895, s'effectuera par l'entremise de la Caisse des dépôts et consignations, qui créditera le compte courant de la Caisse nationale d'épargne du produit de l'opération.

11. La comptabilité des inscriptions de rentes, prévue aux articles 421, 422, 424, 425, 426 et 427 de l'Instruction du 31 octobre 1881, sera réorganisée comme il est dit ci-après.

TITRE II.

REGISTRES AUXILIAIRES.

12. Les titres de rentes à la charge de l'Agent comptable peuvent se trouver dans trois situations différentes :

A. En portefeuille, à titre temporaire, jusqu'à ce qu'ils reçoivent une destination;

B. Dans les bureaux de poste, en instance de remise aux ayants droit;

C. En dépôt, sur la demande des titulaires ou lorsque ceux-ci n'en ont pas pris livraison dans le délai réglementaire d'un mois.

Pour suivre les titres dans leurs situations successives, l'Agent comptable tiendra trois registres d'entrée et de sortie distincts :

A. Registre des titres en portefeuille (modèle n° 60) (1).

B. Registre des titres en instance dans les bureaux de poste (mod. n° 60 bis) (2).

C. Registre des titres en dépôt (mod. n° 60 ter) (3).

13. Dans chaque registre les entrées, d'une part, et les sorties de l'autre, seront numérotées suivant une série continue.

Les séries de numéros seront annuelles pour les registres n°s 60 et 60 *bis* et illimitées pour le registre n° 60 *ter*.

14. Le numéro de la sortie d'un titre sera reporté dans la colonne réservée à cet effet en regard de l'entrée du même titre, de telle sorte qu'il suffira de parcourir la dernière colonne du cadre des entrées pour connaître individuellement les titres qui devront se trouver ou en portefeuille, ou dans les bureaux de poste, ou en

---

(1) Pages 18 et 19.
(2) Pages 20 et 21.
(3) Pages 22 et 23.

dépôt. De plus, en cas de mouvement intérieur d'un titre, le numéro d'entrée au second registre sera reporté à la sortie du premier, ce qui permettra de suivre la marche du titre depuis son arrivée dans le service jusqu'à son départ définitif.

15. *ENTRERONT* au registre du portefeuille n° 60 :

1° Les inscriptions livrées par la Chambre syndicale des agents de change à la suite d'achats, — col. 9 (somme de rente) et col. 12 (prix d'achat) ;

2° Les inscriptions renvoyées à l'Agent comptable par les receveurs des postes pour une cause quelconque, — col. 10 (somme de rente) et col. 13 (prix d'achat) ;

3° Les inscriptions reçues par l'Agent comptable à l'occasion de transferts-recettes, — col. 11 (somme de rente) et col. 14 (prix d'achat.

SORTIRONT au registre du portefeuille :

1° Les inscriptions envoyées aux bureaux de poste — col. 9 (somme de rente) et col. 11 (prix d'achat);

2° Les inscriptions mises en dépôt — col. 10 (somme de rente) et col. 12 (prix d'achat).

16. *ENTRERONT* au registre des bureaux de poste n° 60 *bis* les inscriptions envoyées aux receveurs pour remise aux ayants droit et provenant :

1° Du portefeuille — col. 10 (somme de rente) et col. 12 prix d'achat);

2° Du dépôt — col. 11 (somme de rente) et col. 13 (prix d'achat).

SORTIRONT au même registre :

1° Les inscriptions remises aux ayants droit ou transférées aux caisses ordinaires — col. 10 (somme de rente) et col. 12 (prix d'achat) lorsque tous les bordereaux d'exécution acquittés pendant la journée seront parvenus et auront été dépouillés sur une fiche récapitulative (mod. n° 111 A c) (1);

2° Les inscriptions renvoyées à l'Agent comptable par les receveurs — col. 11 (somme de rente) et col. 13 (prix d'achat).

17. Le registre des titres en dépôt n° 60 *ter* comprendra autant de volumes distincts qu'il existera de types de rentes en dépôt (3 p. o/o perpétuel, 3 p. o/o amortissable, 3 1/2 p. o/o).

Sur chaque volume seront détaillées :

A L'ENTRÉE, les inscriptions tirées du portefeuille et mises en dépôt — col. 10 (somme de rente) et col 11 (prix d'achat);

A LA SORTIE :

1° Les inscriptions tirées du dépôt et envoyées aux receveurs pour être remises aux ayants droit — col. 8 (somme de rente) et col 11 (prix d'achat);

2° Les inscriptions revendues par la Caisse des dépôts et consignations — col. 9 (somme de rente) et col. 12 (prix d'achat);

3° Les inscriptions remboursées par le Trésor — col. 10 (somme de rente) et col. 13 (prix d'achat).

D'autres colonnes sont disposées pour l'enregistrement des entrées et des sorties d'ordre dont il sera parlé à l'article 19.

18. Lorsque les opérations de la dernière journée du mois auront été inscrites, les registres seront additionnés et les totaux, sauf ceux des entrées et des sorties d'ordre, seront groupés en rente et en capital.

Au-dessous du total des entrées sera reporté pour addition l'existant à la fin du mois antérieur, et du total général ainsi obtenu seront retranchées les sorties, pour dégager en rente et en capital l'existant au dernier jour du mois.

____

(1) Page 24.

19. Les entrées et les sorties d'ordre sont celles qui, sans modifier l'ensemble de la rente ni du capital et par conséquent sans affecter les écritures générales, apportent cependant des changements dans la description des titres, quant à leur nombre ou quant à leurs numéros. Telles sont les sorties des inscriptions échangées pour réunion (art. 5) ou dédoublement (art. 8), et les entrées des inscriptions reçues en échange des précédentes.

20. La sortie des anciens titres et l'entrée des nouveaux sont enregistrées simultanément lorsque l'échange est accompli, de telle sorte que les entrées et les sorties d'ordre se balancent respectivement mois par mois.

21. L'envoi au Trésor d'inscriptions pour encaissement des arrérages, renouvellement sous le même numéro ou rectification des nom ou prénoms du titulaire ne donne lieu à aucune écriture. Les titres sont provisoirement représentés à leur rang de classement par les chemises correspondantes (art. 23) et pour l'ensemble par le récépissé collectif du Trésor. Sont représentés de même les titres sortis pour ordre en vertu de l'article 19, jusqu'au jour de l'enregistrement simultané de l'entrée et de la sortie d'ordre (art. 20).

22. Les titres remis à la Caisse des dépôts et consignations pour revente (art. 10) sont représentés à leur rang par le récépissé de cette Caisse jusqu'à la notification de la négociation.

L'Agent comptable constate alors la sortie, en même temps qu'il porte le produit de l'opération au crédit du déposant.

TITRE III.

CLASSEMENT DES TITRES DE RENTES EN DÉPÔT; CONTRÔLE EXERCÉ PAR LA DIRECTION CENTRALE.

23. Toute inscription de rente entrant en dépôt est insérée dans une chemise-dossier énonçant le type de la rente, la nature, la série

et le numéro de l'inscription, le nom du titulaire et le numéro de
son livret, la date et le numéro de l'entrée au registre du dépôt.

Des lignes sont disposées pour l'indication ultérieure de la date
et du numéro de la sortie (modèles n°ˢ 100, 101, 102, 103 et 104
de la série A. C.) (1).

24. Les chemises-dossiers contenant les titres sont classées :

1° Par type de rente en séparant les inscriptions nominatives des
inscriptions mixtes;

2° Dans chaque type, par série ou volume d'inscriptions;

3° Dans chaque série ou volume, suivant l'ordre numérique des
inscriptions.

Cette disposition permet d'établir les bordereaux d'arrérages à
encaisser *dans l'ordre indiqué par le Trésor.*

25. L'Agent comptable tient à jour, pour tout déposant titulaire
d'inscriptions de rentes en dépôt, *un compte de titres sur fiche
mobile* (modèle n° 79 D. C.) (2).

Ces fiches comportent un cadre spécial pour chaque nature de
rente et font ressortir (col. 10) le montant des arrérages à percevoir
par trimestre. Elles sont classées par séries de livrets de la Caisse
nationale d'épargne et dans chaque série d'après l'ordre numérique
des livrets.

26. Pour l'encaissement des arrérages, l'Agent comptable établit
contradictoirement deux bordereaux : l'un sur formule du Trésor
d'après les titres, et dans l'ordre exigé par le Trésor; l'autre sur
formule n° 77 D. C. (3) d'après les *comptes de titres* (art. 25) et dans
l'ordre numérique des livrets.

---

(1) Page 25.
(2) Pages 27 et 28
(3) Page 29.

Les totaux des deux pièces doivent être identiques et conformes à l'existant des titres d'après le registre n° 60 *ter*.

27. Lorsque ces bordereaux ont été vérifiés par la Direction de la Caisse nationale d'épargne, l'Agent comptable dépose le bordereau sur formule du Trésor, avec les titres nominatifs et les coupons des inscriptions mixtes, à la caisse du Payeur central de la Dette, et, par une situation sommaire, fait connaître le total des arrérages à percevoir au Caissier central du Trésor, qui lui délivrera à l'échéance un récépissé du montant de l'encaissement (art. 6).

Le bordereau n° 77 D. C., après l'encaissement, est compris dans la balance journalière (1re partie) et sert à l'imputation des arrérages au crédit des déposants.

28. Les inscriptions de rente 3 p. o/o amortissable, à rembourser par le Trésor, sont déposées par l'Agent comptable à la Caisse centrale accompagnées d'un bordereau préalablement soumis à la vérification de la Direction de la Caisse nationale d'épargne.

L'encaissement et l'imputation des fonds s'opèrent comme il est dit à l'article précédent.

29. La Direction de la Caisse nationale d'épargne tient un *Registre du mouvement général des inscriptions de rentes appartenant aux déposants* (modèle n° 10-contrôle) (1).

Ce registre résume, en les groupant d'après leur nature, les entrées et les sorties réelles de titres en portefeuille, dans les bureaux de poste et en dépôt.

30. Le registre *N° 10 CONTRÔLE* est servi :

Pour les achats de rentes, au moyen du bordereau fourni par la Chambre syndicale des agents de change;

---

(1) Pages 30 et 31.

3.

— 12 —

Pour les envois aux bureaux de poste, au moyen de la réquisi-
tion de chargement portant le timbre du bureau de départ (modèle n° 112 A. c. ou 113 A. c.) (1);

Pour les renvois par les receveurs des postes, au moyen de la
feuille d'émargement dressée par la Direction centrale et portant
le reçu de l'Agent comptable (modèle n° 80 D. c) (2);

Pour les transferts des Caisses d'épargne ordinaires, au moyen
du bordereau d'entrée dressé par la Direction centrale et portant
le reçu de l'Agent comptable (modèle n° 81 D. c.) (3);

Pour les envois du Portefeuille au Dépôt, au moyen de la feuille
de mouvement émargée par le préposé au dépôt (modèle n° 110
A. c.) (4);

Pour les livraisons aux ayants droit, au moyen de la fiche réca
pitulative des bordereaux d'exécution n° 111 A. c. (art. 16);

Pour les reventes opérées par la Caisse des dépôts, au moyen
du bordereau de cette Caisse portant notification des négociations;

Pour les remboursements par le Trésor, au moyen du récépissé
délivré par le Caissier central (art. 28).

31. Toute inscription de rente entrant en dépôt donne lieu à
l'établissement, par l'agent comptable, d'une fiche descriptive
(modèle n°⁵ 105, 106, 107, 108 ou 109 de la série A. c.) qui est
remise à la Direction centrale.

Les fiches descriptives n° 108 A. c. [5] se rapportent à la rente
3 o/o amortissable comportent au verso la répartition des rentes
en séries, de manière à permettre la vérification des bordereaux de
remboursement (art. 28).

---

(1) Page 35.
(2) Page 32.
(3) Page 33.
(4) Page 34.
(5) Page 36.

32. Pour le contrôle, ces fiches représentent les titres ; elles sont classées dans l'ordre indiqué pour les titres à l'article 24, et permettent de vérifier les bordereaux d'encaissement des arrérages (art. 27).

33. La Direction centrale tient un double du registre des inscriptions de rentes en dépôt n° 60 *ter* (art. 12) et un double des comptes de titres sur fiches mobiles n° 79 D. c. (art. 25).

34. La situation d'ensemble donnée par les divers volumes du registre n° 60 *ter* doit être constamment identique à la situation des titres en dépôt d'après les colonnes *ad hoc* du registre du mouvement général (n° 10-contrôle). On obtient ainsi la preuve que la valeur collective attribuée, dans les écritures, aux titres en dépôt, représente exactement la somme des inscriptions individuelles dont l'Agent comptable est dépositaire.

35. Au moyen de ses fiches mobiles n° 79 D. c. la Direction centrale établit, contradictoirement avec l'Agent comptable, le relevé sur formule n° 77 D. c. des arrérages à porter au crédit des déposants (art. 26).

Utilisé d'abord comme document de contrôle à l'égard du bordereau de l'Agent comptable, le relevé n° 77 D. c. de la Direction centrale est ensuite remis, après l'échéance, au service du Double des comptes courants, pour que les chiffres en soient portés dans la deuxième expédition de la balance journalière (1re partie) et des comptes individuels.

TITRE IV.

36. Au compte de valeurs ouvert au grand-livre sous la dénomination « *Rentes achetées pour le compte des déposants* » seront substitués trois comptes de valeurs tenus par prix d'achat des titres.

Ces comptes sont intitulés :

le premier : « *Portefeuille des rentes appartenant aux déposants* » ;
le deuxième : « *Titres de rentes en instance dans les bureaux de poste* » ;
et le troisième : « *Titres laissés en dépôt par les déposants.* »

37. Le compte « *Portefeuille* » sera débité :

1° Du montant des achats et des transferts-entrées, au crédit du compte « *Déposants, ʟ/c d'inscriptions de rentes* » (anciennement « *Divers, ʟ/c de dépôts en inscriptions de rentes* ») ;

2° Du montant des titres renvoyés par les receveurs à l'Agent-comptable, au crédit du compte : « *Titres de rentes en instance dans les bureaux de poste* ».

Il sera crédité :

1° Du montant des titres envoyés du portefeuille aux receveurs des postes, par le débit du compte « *Titres en instance dans les bureaux de poste* » ;

2° Du montant des inscriptions envoyées du portefeuille au dépôt par le débit du compte « *Titres laissés en dépôt* ».

38. Le compte « *Titres en instance dans les bureaux de poste* » sera débité :

1° Du montant des inscriptions envoyées du portefeuille aux receveurs des postes, au crédit du compte « *Portefeuille des rentes appartenant aux déposants* » ;

2° Du montant des inscriptions envoyées du dépôt aux receveurs des postes, au crédit du compte « *Titres laissés en dépôt* ».

Il sera crédité :

1° Du montant des inscriptions livrées aux ayants droit ou transférées aux caisses d'épargne ordinaires, par le débit du compte « *Déposants, ʟ/c d'inscriptions de rentes* » ;

2° Du montant des inscriptions renvoyées par les receveurs à l'Agent comptable, par le débit du compte « *Portefeuille des rentes appartenant aux déposants* ».

39. Le compte *Titres en dépôt* sera débité du montant des inscriptions envoyées du portefeuille au dépôt, au crédit du compte « *Portefeuille des rentes appartenant aux déposants* ».

Il sera crédité :

1° Du montant des inscriptions envoyées du dépôt aux receveurs des postes par le débit du compte « *Titres en instance dans les bureaux de poste* » ;

2° Du montant des inscriptions revendues par la Caisse des dépôts et consignations ou remboursées par le Trésor, par le débit du compte « *Déposants, ₁/c d'inscriptions de rentes* ».

40. Le procès-verbal de vérification du portefeuille de l'Agent comptable (mod. n° 40, § 2) (1) résume les mouvements des inscriptions de rentes appartenant aux déposants et fait ressortir l'existant au dernier jour du mois en portefeuille, dans les bureaux de poste et en dépôt.

Les soldes des comptes de valeurs désignés dans l'article 36 doivent être identiques aux résultats de ce procès-verbal.

41. En représentation des titres qui se trouvent dans les bureaux de poste l'Agent comptable classe, dans l'ordre des entrées au registre n° 60 *bis*, les avis d'envoi aux receveurs émargés par ceux-ci.

Lorsque les titres sortent des bureaux de poste, les avis d'envoi correspondants sont extraits du classement et remis aux archives.

42. Le montant du récépissé que le Caissier central du Trésor délivre en vertu des articles 27 ou 28 est porté par l'Agent comp-

---

(1) Page 37.

4.

table au crédit du « *Compte général des déposants* » par le débit du compte « *Envois au Caissier du Trésor* ».

43. Les recettes inscrites au compte « *Déposants, L/c d'inscriptions de rentes* » seront justifiées par la production :

1° Des bordereaux de la Chambre syndicale des agents de change notifiant les achats ;

2° Des bordereaux d'entrée des inscriptions transférées des caisses d'épargne ordinaires (n° 81 D. G.).

Les dépenses inscrites au même compte seront justifiées :

1° Pour les livraisons aux déposants et les transferts aux caisses d'épargne ordinaires, par la production des bordereaux d'exécution acquittés par les ayants droit et récapitulés sur les fiches n° 111 A. G.

2° Pour les reventes de titres, par la production des bordereaux d'exécution renvoyés acquittés par les titulaires.

TITRE V.

DISPOSITIONS TRANSITOIRES.

44. La présente instruction, concertée avec M. le Ministre des finances, sera exécutoire dès la remise des titres à l'Agent comptable de la Caisse nationale d'épargne par la Caisse des dépôts et consignations; les mesures de comptabilité auront leur effet à dater du 1ᵉʳ janvier 1896.

45. Toutes dispositions antérieures contraires à celles qui précèdent sont et demeurent abrogées.

Paris, le 21 janvier 1896.

Le Ministre du Commerce,
de l'Industrie, des Postes et des Télégraphes,
G. MESUREUR.

Le Ministre des Finances,
PAUL DOUMER.

IMPRIMERIE NATIONALE. — Décembre 1895.

MODÈLES

À L'APPUI DE L'INSTRUCTION

SUR LA CONSERVATION ET LA COMPTABILITÉ

DES TITRES DE RENTES

APPARTENANT AUX DÉPOSANTS.

ENTRÉE.   *Registre des inscriptions*

| Numéros des entrées. | DATES. | LIVRETS | | NOMS et prénoms des titulaires. | NATURE DE LA RENTE. | INSCRIPTIONS | | RENTE ANNUELLE. | | | PRIX D'ACHAT. | | | Numéros de la sortie. |
| | | séries. | numéros. | | | anciens. | nouveaux. | Inscriptions provenant d'achats. | Inscriptions renvoyées par les bureaux de poste. | Inscriptions provenant de transferts. | Inscriptions provenant d'achats. | Inscriptions renvoyées par les bureaux de poste. | Inscriptions provenant de transferts. | |
1	2	3	4	5	6	7	8	9	10	11	12	13	14	15
											fr. c.	fr. c.	fr. c.	

Instruction du 21 janvier 1896, art. 11.

de rentes en portefeuille.   SORTIE.

| Numéros des sorties. | DATES. | LIVRETS | | NOMS et prénoms des titulaires. | NATURE DE LA RENTE. | INSCRIP- TIONS. | | RENTE ANNUELLE. | | PRIX D'ACHAT. | | NUMÉROS DE L'ENTRÉE. | |
| | | séries. | numéros. | | | anciens. | nouveaux. | Inscriptions envoyées aux bureaux de poste. | Inscriptions mises en dépôt. | Inscriptions envoyées aux bureaux de poste. | Inscriptions mises en dépôt. | au registre des bureaux de poste. | au registre du dépôt. |
1	2	3	4	5	6	7	8	9	10	11	12	13	14
										fr. c.	fr. c.		

5.

ENTRÉE. *Registre des inscriptions de rentes*

Numéros des entrées.	DATES.	Numéros d'ordre des avis d'envoi.	LIVRETS.		NOMS des titulaires.	NATURE DE LA RENTE.	INSCRIPTIONS.		RENTE ANNUELLE.		PRIX D'ACHAT.		BUREAUX de poste dépositaires.	Numéro de la sortie.
			séries.	numéros.			séries.	numéros.	Inscriptions sortant du portefeuille.	Inscriptions sortant du dépôt.	Inscriptions sortant du portefeuille.	Inscriptions sortant du dépôt.		
1	2	3	4	5	6	7	8	9	10	11	12	13	14	15
									francs.	francs.	fr. c.	fr. c.		

Instruction du 21 janvier 1848, art. 11.

en instance dans les bureaux de poste. **SORTIE.**

Numéros des sorties.	DATES d'envoi ou de renvoi.	BUREAUX de poste dépositaires.	LIVRETS.		NOMS des titulaires.	NATURE DE LA RENTE.	INSCRIPTIONS.		RENTE ANNUELLE.		PRIX D'ACHAT.		QUITTANCES des ayants droit.		Numéro d'entrée au registre du portefeuille.
			séries.	numéros.			séries.	numéros.	Inscriptions renvoyées aux ayants droit.	Inscriptions renvoyées à l'agent comptable.	Inscriptions renvoyées aux ayants droit.	Inscriptions renvoyées à l'agent comptable.	Numéros.	Dates.	
1	2	3	4	5	6	7	8	9	10	11	12	13	14	15	16
									francs.	francs.	fr. c.	fr. c.			

ENTRÉE. *Registre des inscriptions*

NUMÉRO DES ENTRÉES	DATES	DÉSIGNATION des inscriptions		NOMS ET PRÉNOMS DES TITULAIRES	LIVRETS.		TRÉSORERIES délivrées pour le payement des arrérages	DATES de sortie Annot.	INSCRIPTIONS reçues du portefeuille.		ENTRÉES d'inscr. Inscriptions reçues à la suite d'échange.		NUMÉRO DE LA SORTIE	OBSERVATIONS.
		Sé-ries.	Nu-méros.		dé-tes.	ne-néros.			Montant de la rente annuelle.	Prix d'a-chat.	Montant de la rente annuelle.	Prix d'a-chat.		
1	2	3	4	5	6	7	8	9	10	11	12	13	14	15
									francs.	fr. c.	francs.	fr. c.		

de rentes en dépôt. **SORTIE.**

NUMÉRO DES SORTIES	DATES	DÉSIGNATION des inscriptions		NOMS ET PRÉNOMS DES TITULAIRES	LIVRETS.		MONTANT DE LA RENTE annuelle.			PRIX D'ACHAT			SORTIES d'autres Inscriptions envoyées au Trésor pour échange.		NUMÉRO d'entrée au registre des bureaux de poste.	DATE de rentrée, de remboursement ou d'échange.	OBSERVATIONS.
		Sé-ries.	Nu-méros.		sé-ries.	ne-néros.	Inscriptions envoyées aux bureaux de poste.	Inscriptions arrérées dues par la Caisse des dépôts.	Inscriptions remboursées par le Trésor.	des inscriptions envoyées aux bureaux de poste.	des inscriptions remboursées par la Caisse des dépôts.	des inscriptions remboursées par le Trésor.	Montant de la rente annuelle.	Prix d'a-chat.			
1	2	3	4	5	6	7	8	9	10	11	12	13	14	15	16	17	18
							francs.	francs.	francs.	fr. c.	fr. c.	fr. c.	francs.	fr. c.			

Mod. n° 111 A. C.

Instruction
du 21 janvier 1896, art. 16.

DIRECTION
DE LA
CAISSE NATIONALE
D'ÉPARGNE.

SERVICE
DE
L'AGENT COMPTABLE.

FICHE RÉCAPITULATIVE

des inscriptions de rentes livrées aux déposants.

JOURNÉE DU   189 .

NU-MÉROS DE SORTIE au registre des bureaux de poste.	NU-MÉROS des bor-dereaux d'exé-cution.	DÉSIGNATION DES INSCRIPTIONS.			NOMS DES TITULAIRES.	LIVRETS		MONTANT DES INSCRIPTIONS.		OBSERVATIONS.
		Nature de la rente.	Série.	Numéro.		SÉRIE.	NUMÉROS.	Rente annuelle.	Prix d'achat.	
1	2	3	4	5	6	7	8	9	10	11

Vu ET vérifié :   Certifié exact :

Paris, le   189 .   Paris, le   189 .

L'Administrateur   L'Agent comptable.

délégué à la Direction de la Caisse nationale d'Épargne.

CAISSE NATIONALE D'ÉPARGNE.

SERVICE
DE L'AGENT COMPTABLE.

TITRES DE RENTES
EN DÉPÔT.

CHEMISE-DOSSIER.

MOD. N° **100** A. C.

Instruction du 21 janvier 1896,
art. 25.

Rente 3 p. 0/0 perpétuelle.

Inscription nominative n^{os}................ — ....

Appartenant à M. ....

Titulaire du livret n^{os}............... — ....

Ouvert dans { le département } d ....
{ la succursale }

Montant de la rente annuelle.............................. fr.

Entrée au dépôt { Date : ....
{ N° de l'entrée : ....

Sortie du dépôt { Date : ....
{ N° de la sortie : ....

COMPTE INDIVIDUEL
DES
TITRES DE RENTES EN DÉPÔT.

Mod. n° 70 D. C.
(Instruction du 21 janvier 1896,
art. 25 et 33.)

LIVRET
{ Série.............................
{ Numéro.............................
{ Départ¹ ou succ. {.............................

Nom et prénoms du déposant : {.............................

1. Rente 3 p. o/o perpétuelle.

| DATES. | NATURE des OPÉRATIONS. | NUMÉRO de l'entrée ou de la sortie. | DÉSIGNATION DES INSCRIPTIONS. | | | | | MONTANT | |
			SÉRIE.	NUMÉROS.	NATURE.	DATE de jouissance.	TRÉSORERIE.	de la RENTE ANNUELLE.	du coupon TRIMESTRIEL.
//	Résultat.	//	//	//	//	//	//		
//	Résultat.	//	//	//	//	//	//		
//	Résultat.	//	//	//	//	//	//		
//	Résultat.	//	//	//	//	//	//		
//	Résultat.	//	//	//	//	//	//		
//	Résultat.	//	//	//	//	//	//		
//	Résultat.	//	//	//	//	//	//		

2. Rente 3 p. o/o amortissable.

DATES.	NATURE des OPÉRATIONS.	NUMÉRO de l'entrée ou de la sortie.	DÉSIGNATION DES INSCRIPTIONS.					MONTANT	
			SÉRIE.	NUMÉRO.	NATURE.	DATE de jouissance.	Trésorerie	de la RENTE annuelle.	du COUPON trimestriel.
//	Résultat.	//	//	//	//	//	//		
//	Résultat.	//	//	//	//	//	//		
//	Résultat.	//	//	//	//	//	//		
//	Résultat.	//	//	//	//	//	//		
//	Résultat.	//	//	//	//	//	//		
//	Résultat.	//	//	//	//	//	//		
//	Résultat.	//	//	//	//	//	//		

3. Rente 3 1/2 p. o/o.

DATES.	NATURE des OPÉRATIONS.	NUMÉRO de l'entrée ou de la sortie.	DÉSIGNATION DES INSCRIPTIONS.					MONTANT	
			SÉRIE.	NUMÉRO.	NATURE.	DATE de jouissance.	Trésorerie	de la RENTE annuelle.	du COUPON trimestriel.
//	Résultat.	//	//	//	//	//	//		
//	Résultat.	//	//	//	//	//	//		
//	Résultat.	//	//	//	//	//	//		
//	Résultat.	//	//	//	//	//	//		
//	Résultat.	//	//	//	//	//	//		
//	Résultat.	//	//	//	//	//	//		
//	Résultat.	//	//	//	//	//	//		

<table>
<tr><td>

DIRECTION
DE LA
CAISSE NATIONALE
D'ÉPARGNE.

</td><td>

BORDEREAU DES ARRÉRAGES ENCAISSÉS
sur les titres de rentes appartenant aux déposants.

</td><td>

MODÈLE N° 77 D. C.

Instruction du 21 janv. 1896.
art. 26.

</td></tr>
</table>

SERVICE

d..

RENTE .... P 0/0.

Trimestre échu le .... *Encaissement du* ....

DÉPARTEMENTS ou SUCCURSALES.	LIVRETS.		NOMS ET PRÉNOMS DES DÉPOSANTS.	MONTANT DU TRIMESTRE.	
	SÉRIES.	NUMÉROS.		fr	c.
			TOTAL................		

CERTIFIÉ exact le présent bordereau s'élevant à la somme de

Paris, le   189 .

L (1)

(1) L'Agent comptable
ou le chef de bureau.

ENTRÉE. *Registre du MOUVEMENT GÉNÉRAL des Inscriptions*

DATES.	DÉSIGNATION des OPÉRATIONS.	MONTANT DE LA RENTE ANNUELLE								PRIX D'ACHAT DES INSCRIPTIONS DE RENTES							
		en PORTEFEUILLE.				dans LES BUREAUX DE POSTE.			en DÉPÔT.	en PORTEFEUILLE.				dans LES BUREAUX DE POSTE.			en DÉPÔT.
		Achats.	Renvois par les bureaux.	Transferts.	Total.	Envois du portefeuille.	Envois du dépôt.	Total.	Renvois du portefeuille.	Achats.	Renvois par les bureaux.	Transferts.	Total.	Envois du portefeuille.	Envois du dépôt.	Total.	Renvois du portefeuille.
1	2	3	4	5	6	7	8	9	10	11	12	13	14	15	16	17	18

MOD. n° 10 — CONTRÔLE.
Instruction du 11 janvier 1848. art. 19.

de rentes appartenant aux déposants. SORTIE.

DATES.	DÉSIGNATION des OPÉRATIONS.	MONTANT DE LA RENTE ANNUELLE									PRIX D'ACHAT DES INSCRIPTIONS DE RENTES								
		en PORTEFEUILLE.			dans les BUREAUX DE POSTE.			en DÉPÔT.			en PORTEFEUILLE.			dans les BUREAUX DE POSTE.			en DÉPÔT.		
		Envois aux bureaux.	Envois en dépôt.	Total.	Livraisons aux ayants droit.	Renvois à l'agent comptable.	Total.	Envois aux bureaux.	Reventes par la Caisse des dépôts.	Remboursements par le Trésor.	Envois aux bureaux.	Envois en dépôt.	Total.	Livraisons aux ayants droit.	Renvois à l'agent comptable.	Total.	Envois aux bureaux.	Reventes par la Caisse des dépôts.	Remboursements par le Trésor.
1	2	3	4	5	6	7	8	9	10	11	12	13	14	15	16	17	18	19	20

DIRECTON CENTRALE
DE LA
CAISSE NATIONALE D'ÉPARGNE.

CABINET
DE L'ADMINISTRATEUR.

MODÈLE N° 80 D. C.

Instruction du 21 janvier 1896,
art. 3o.

FEUILLE D'ÉMARGEMENT

des inscriptions de rentes remises à l'Agent comptable.

TITRES NON LIVRÉS PAR LES RECEVEURS DES POSTES.

JOURNÉE DU 189 .

NUMÉROS D'ORDRE.	BUREAUX EXPÉDITEURS.	NATURE de la RENTE.	DÉSIGNATION DES INSCRIPTIONS.		TITULAIRES.	MONTANT de la RENTE annuelle.	REÇU de L'AGENT COMPTABLE.	LIVRETS.		PRIX D'ACHAT DES INSCRIPTIONS de rentes.	NUMÉROS D'ENTRÉE au registre du portefeuille.
			Série.	Numéro.				SÉRIE.	NUMÉRO.		
1	2	3	4	5	6	7	8	9	10	11	12
1											
2											
3											
4											
5											
6											
7											
8											
9											
10											
					TOTAL DE LA RENTE...		TOTAL DU PRIX D'ACHAT..				

Le *Préposé à l'ouverture du courrier,*   *L'Agent comptable,*

BORDEREAU D'ENTRÉE

*des inscriptions de rentes transférées des Caisses d'épargne ordinaires
à la Caisse nationale d'épargne.*

MODÈLE N° 81 D. C.

Instruction du 21 janvier 1896,
art. 3o.

JOURNÉE DU . 189 .

NUMÉROS D'ORDRE.	BUREAUX EXPÉDITEURS.	CAISSE D'ÉPARGNE précédemment détentrice des inscriptions.	NATURE de la RENTE.	DÉSIGNATION des INSCRIPTIONS.		TITULAIRES.	MONTANT de LA RENTE annuelle.	REÇU DE L'AGENT comptable.	LIVRETS.		DATES des TRANSFERTS	COURS MOYEN de la rente au jour du transfert	ÉVALUATION DE LA VALEUR des inscriptions.	NUMÉROS D'ENTRÉE au registre du portefeuille.
				Série.	Numéro.				Série.	Numéro.				
1	2	3	4	5	6	7	8	9	10	11	12	13	14	15
1														
2														
3														
4														
5														
6														
7														
8														
9														
10														
						TOTAL..					TOTAL....			

VU ET VÉRIFIÉ :

L'Administrateur
délégué à la Direction de la Caisse nationale d'épargne,

CERTIFIÉ EXACT :

Le Préposé à l'ouverture du courrier,

L'Agent comptable.

— 33 —

CAISSE NATIONALE
D'ÉPARGNE.

SERVICE
DE
L'AGENT COMPTABLE.

Modèle n° 110 A. C.

Lettre du 21 janv. 1896,
art. 30.

FEUILLE DE MOUVEMENT

des inscriptions de rentes appartenant aux déposants.

ENVOIS DU PORTEFEUILLE AU DÉPÔT.

Journée du 189 .

NUMÉROS d'ordre.	DÉSIGNATION des INSCRIPTIONS.			TITULAIRES.	LIVRETS.		MONTANT des INSCRIPTIONS.		NUMÉROS d'entrée au registre du dépôt.	ÉMARGEMENT de dépôt au dépôt.
	Nature de la rente.	Série.	Numéro.		Série.	Numéro.	Rente annuelle.	Prix d'achat.		
1	2	3	4	5	6	7	8	9	10	11
							francs.	fr. c.		
1										
2										
3										
4										
5										
6										
7										
8										
9										
10										
11										
12										
13										
14										
15										
16										
17										
18										
19										
20										
Totaux............										

Paris, le 189 .

L'Agent comptable.

CAISSE NATIONALE
D'ÉPARGNE.

SERVICE
DE
L'AGENT COMPTABLE.

PORTEFEUILLE
OU DÉPÔT.

Mod. n° 112 A. C.
(Blanc.)
ou 113 A. C. (Rose.)

Instruction
du 21 janvier 1896,
art. 30.

RÉQUISITION DE CHARGEMENT

pour les inscriptions de rentes envoyées aux Receveurs des Postes.

Départ du 189 .

NUMÉROS d'ordre.	DÉSIGNATION DES INSCRIPTIONS.			TITULAIRES.	MONTANT DES INSCRIPTIONS.		RÉSIDENCE du RECEVEUR DES POSTES DESTINATAIRE.
	Nature de la rente.	Série.	Numéros.		Rente annuelle.	Prix d'achat.	
				Totaux...			

Reçu plis pour chargement.

Le Receveur des Postes.

*L'Agent comptable
de la Caisse nationale d'épargne.*

FICHE DESCRIPTIVE.

Recto.

Numéros { du volume ....
{ de l'inscription ....

Rente 3 p. 0/0 amortissable.

TITULAIRE { Nom : ....
{ Prénoms : ....

Date de la jouissance : ....

Trésorerie : ....

fr. c.

MONTANT { de la rente annuelle.............. .....
{ du coupon trimestriel...................

Série et numéro du livret : ....

ENTRÉE
AU DÉPÔT { Date : ....
{ N° de l'entrée : ....

SORTIE
DU DÉPÔT { Date : ....
{ N° de la sortie : ....

(Voir au verso.)

Verso.

RÉPARTITION DE LA RENTE

EN SÉRIES.

Numéros des séries.	Montant de la rente annuelle.
TOTAL ÉGAL.....	

— 36 —

*Procès-verbal de vérification du portefeuille
de l'Agent comptable.*

Mod. N° 40, § 2.

Instruction
du 21 janvier 1896.
Art. 40.

§ 2. RENTES APPARTENANT AUX DÉPOSANTS.

DÉTAIL DES OPÉRATIONS.	RENTE ANNUELLE.				PRIX D'ACHAT.							
	TITRES en portefeuille.	TITRES dans les bureaux de poste.	TITRES en dépôt.	TOTAL.	TITRES en portefeuille.		TITRES dans les bureaux de poste.		TITRES en dépôt.		TOTAL.	
					fr.	c.	fr.	c.	fr.	c.	fr.	c.
ENTRÉES.												
Portefeuille. — Titres achetés par l'entremise de la Caisse des dépôts												
Titres renvoyés par les receveurs des postes												
Titres transférés des Caisses d'épargne ordinaires												
Bureaux de poste. — Titres provenant du portefeuille												
Titres provenant du dépôt												
Dépôt. — Titres provenant du portefeuille												
TOTAL DES ENTRÉES												
EXISTANT AU DERNIER JOUR DU MOIS PRÉCÉDENT												
TOTAL DE L'EXISTANT ET DES ENTRÉES												
SORTIES.												
Portefeuille. — Titres envoyés aux bureaux de poste												
Titres mis en dépôt												
Bureaux de poste. — Titres livrés aux déposants												
Titres renvoyés à l'Agent comptable												
Dépôt. — Titres envoyés aux bureaux de poste												
Titres revendus par la Caisse des dépôts												
Titres remboursés par le Trésor												
TOTAL DES SORTIES												
EXISTANT AU DERNIER JOUR DU MOIS												